AF495283

HALTE ! AUX ANGLAIS

Considérations Politiques
SUR L'ÉGYPTE

PAR

LE BARON NICOLAS DE VAY

PRIX : 2 FRANCS

HALTE! AUX ANGLAIS

Considérations Politiques

SUR L'ÉGYPTE

PAR

LE BARON NICOLAS DE VAY

PRIX : 2 FRANCS

Au Comte Eméric du Chastel
de la Howarderie.

CHER AMI,

Je vous prie d'accepter la dédicace de cette plaquette écrite par moi : Considérations sur l'Egypte. *Nous avons souvent discuté sur la liberté des peuples ; nos idées parfois se sont rencontrées. Je veux donc espérer que ma brochure — sinon dans tous ses détails, du moins dans son but idéaliste et généreux — sera approuvée par vous. Un esprit fin et délicat comme le vôtre qui s'occupe des problèmes de sentiment et des problèmes sociaux à résoudre, trouvera matière à satisfaction à la lecture de ce petit travail, car le sphinx de la politique égyptienne est également un problème, et des plus redoutables, sinon de sentimentalité absolue, du moins un problème brutal de vanité humaine qui offre, je crois, son côté même psychologique ! Je serais donc heureux qu'il vous intéressât.*

Croyez, mon cher ami, à mes sentiments dévoués.

N. DE VAY.

Le Caire, 1896.

CONSIDÉRATIONS POLITIQUES SUR L'ÉGYPTE

Quand le voyageur, en Egypte, est rassasié de la vue des monuments, des ruines et des fouilles de l'antiquité, il ne lui reste — comme passe-temps — qu'à étudier la question « brûlante », cette question d'actualité qui passionne à un si haut degré le simple « fellah » comme le grand seigneur indigène, puisqu'il ne s'agit de rien moins que de reconquérir la « liberté », « l'autonomie », vers laquelle tend toute race intelligente et ambitieuse, de progresser dans la poursuite de ce but suprême : « la civilisation » !

Pays immortel, berceau d'une des cultures les plus antiques, vaste champ de gloire où se dressent des monuments gigantesques, témoins de tant d'événements, auras-tu l'énergie suffisante pour résister à ce joug cruel qui, sous le masque d'une fausse civilisation, t'a réduit à l'esclavage par son or, par ses canons ? !

Voilà la question ; « that is the question ! »

Grâce à notre nationalité désintéressée, et à notre qualité de « Magyar », grâce aussi à de nombreuses lettres de recommandation, nous eûmes la bonne fortune, en Egypte, d'avoir accès parmi des sphères les plus variées ; par là, il nous fut possible de nous rendre compte de l'esprit dominant concernant la politique égyptienne.

Cette question est si délicate que nous osons à peine exprimer une opinion, puisque les hommes les plus éminents, par la parole comme par la plume, se sont prononcés suffisamment, — mais jamais assez, — et qu'il n'y a pas de jour où ne paraisse soit un article, soit une brochure pour ou contre. Si nous nous hasardons à aborder ce sujet, c'est que nous trouvons une analogie surprenante entre la situation actuelle de l'Egypte et celle de la Hongrie en 1850. Nous reconnaissons pleinement qu'un pays a le droit de se révolter contre une force étrangère qui lui est imposée à n'importe quel titre. « Parfaitement, mais nous ne pouvons laisser nos intérêts péricliter », vont nous objecter les Anglais. Or, *il n'y a que les créanciers de l'Egypte qui aient des intérêts bien fondés dans ce pays*. Mais avec cette idée si élastique de « protectorat » et de maintien de « l'ordre » nous croyons que l'Angleterre a dépassé la limite des droits internationaux. Le gouvernement anglais prétend que l'ordre est menacé et que sa présence est de toute nécessité, pour sauvegarder les intérêts de ses sujets, ainsi que ceux de tous les autres Européens en général. Supposons qu'il en soit ainsi. Mais, comme toute chose a naturellement une fin, et que, dans un an, dans deux ans, disons même dans cinq ans, dans dix ans, l'ordre sera rétabli, que les intérêts individuels des Européens ne seront plus menacés, alors, nous le demandons : peut-on être assuré que les troupes d'occupation évacueront la vallée du Nil et que l'Egypte sera rendue aux Egyptiens ?

C'est la question que s'adressent les patriotes égyptiens depuis le premier jusqu'au dernier.

L'Angleterre a formellement déclaré, à la face de l'Europe, qu'elle quitterait l'Egypte dès qu'elle jugerait la situation favorable, afin de pouvoir le faire sans danger. L'Angleterre s'est donc engagée vis-à-vis de l'Europe. Mais un tel engagement peut-il être jugé valable, en présence de faits et gestes qui sont en contradiction flagrante avec les assurances données ? En politique, une promesse n'a pas plus de valeur qu'une goutte d'eau dans la mer ! L'Angleterre a grand tort d'insister avec tant d'audace, et vis-à-vis de l'opinion européenne, et vis-à-vis de ce pays, pourtant si *paisible*, et de vouloir imposer, par la force brutale, une suprématie non justifiée, mal fondée, vexatoire. L'Egypte est aussi tranquille que la Suisse. Si, de temps à autre, les journaux signalent des rixes, celles-ci sont d'une nature si inoffensive, qu'elles ne méritent pas même d'être mentionnées ; rechercher l'auteur de ces « émeutes », c'est une autre question et plus intéressante ! Nous ne croyons pas que ce soit avec l'or anglais qu'on parvienne à le découvrir. Nous ne pouvons non plus accepter comme motif d'accusation de désordres, le fait que des soldats de l'occupation, à la tombée de la nuit, parcourent les quartiers « gais » des indigènes en provoquant, par une conduite ignoble, la population et que celle ci, poussée à l'extrême limite de la patience, leur fait connaître la « bastonnade ». C'est une loi naturelle de l'homme de se défendre contre n'importe quelle agression. En Egypte, ce droit n'est pas reconnu. Le lendemain, l'Egyptien sera renvoyé au « Caracol », où il aura le temps de méditer sur l'état des choses, tandis que le soldat anglais, lui, boira, si c'est possible, encore un peu plus de « Brandy ». Il y a « offense » à l'uniforme anglais ! C'est une « révolte », la sécurité est menacée, il faut des renforts de troupes anglaises ; le palais d'Abdine est assiégé par l'agent de l'Angleterre. On accuse le Khédive, on le menace de le chasser, de le détrôner, enfin on dit pis que pendre de son administration ; l'Europe est en émoi, et « l'omnipotent » se frotte tranquillement les mains, tout en se répétant : « L'Egypte aux Anglais ! » Où est l'insulte au drapeau, à l'uniforme britannique ? Nous le demandons ? Est-ce... *Lui* l'insulté ? C'est l'occupant qui insulte chaque jour, qui saisit toutes les occasions, tous les prétextes pour agiter la population. Un jour, — qui n'est pas loin peut-être, — la question égyptienne arrivera à l'état aigu, et amènera une catastrophe inévitable. Ainsi on verra les tendances civilisatrices de la Grande-Bretagne, péricliter non-seulement en Egypte, mais aussi dans ses possessions d'Extrême-Orient. Oui, c'est le grand tort du gouvernement de Saint James.

Si l'Angleterre base ses droits sur l'Egypte sur la question du canal de Suez, la France en a encore bien davantage, sans oublier l'Allemagne qui a de gros intérêts en Océanie et sur les côtes orientales de l'Afrique. Mais, ni la France, ni l'Allemagne ne peuvent regarder tranquillement et permettre une occupation anglaise prolongée, sans que ces deux grandes puissances ne soient lésées dans leurs propres intérêts. Cette voie de navigation est entre les mains d'une *Compagnie* UNIVERSELLE *du canal maritime de Suez* ; il est donc absurde de vouloir faire croire à l'Europe que c'est à cause de la sécurité du canal que les « Tomis » ont pris leurs quartiers dans la citadelle du Caire ou dans les baraques d'Alexandrie. Le canal de Suez n'a pas besoin d'être plus gardé qu'il ne l'est ; du reste à quoi bon cette vigilance ? La malveillance d'un matelot ne peut-elle suffire pour arrêter pendant des semaines le mouvement maritime ? pour cela il n'y a qu'à faire couler deux bateaux d'une certaine importance. Une semaine perdue en temps de guerre et même en temps de paix, c'est plus que suffisant. Nous serions curieux de savoir quelle mine feraient l'Allemagne, l'Autriche, la Hongrie, la Serbie, la Bulgarie et la Turquie, si la France envoyait dans chacun de ces pays, des troupes d'occupation, pour surveiller les intérêts de « l'Orient Express », qui parcourt ces États, sous prétexte que les wagons appartiennent à une compagnie Belge qui a son siège à Paris ? Ce qui n'est pas admissible, chez nous, en Europe, ne l'est pas davantage dans un pays où l'on trouve un peuple, une race entière, avancée, qui n'est animée que d'un seul désir : se civiliser par ses propres forces, mais non par la brutalité de troupes d'occupation étrangères !

Pourquoi donc les Anglais se mêlent-ils aux affaires intérieures de l'Égypte avec tant d'insistance ? Pourquoi ces actes d'impolitesse froissante vis-à-vis du jeune Khédive ? Est-ce pour maintenir « l'ordre » ou pour surveiller le canal de Suez ? *Non, c'est pour prendre racine coute que coûte dans le pays, chasser le souverain et orner la couronne de la « Most gracious » d'une nouvelle perle !* Du moment que les Anglais affrontent tant d'attaques, nous pouvons en conclure que le but de la Grande-Bretagne ne saurait être que l'annexion de l'Égypte.

Quelle est l'autorité du Khédive, comme chef suprême de l'Egypte ? quel est son pouvoir ? Presque nul ; le « système » la désarmé ; son rôle consiste à jouer une comédie qui finira par une tragédie. Qui commande l'armée, est-ce le Khédive, Sir H. Kitchener ou Sir F. Walker ? Le Khédive passe les revues et il est obligé de trouver tout admirable ; les deux autres commandent, et Lord Cromer gouverne. Telle est la situation d'aujourd'hui. Mais allons plus loin. Les bureaux des administrateurs sont inondés d'employés anglais, leur avancement est rapide, et ils gagnent le double — sinon plus — que dans leur pays. Chaque année un « stock » de jeunes anglais à peine sortis « d'Eton » ou de « Cambridge », sont expédiés dans la Vallée du Nil, où ils sont nommés à des postes importants avec de gros appointements qui leur permettent de faire beaucoup de « sport », de jouer le « tennis », le « polo », de courir le monde et d'être aussi arrogants que possible vis-à-vis du « tarbouche-man » !

Le Christianisme nous enseigne « l'amour du prochain » et ce principe s'étale en grosses lettres sur la couverture de toutes les Bibles anglicanes. Maximes superbes mais dont on se débarrasse à Londres. Aux yeux des Anglais, le « tarbouche-man » n'est pas le prochain, il n'est rien. Un indigène, lui, qualifiant un anglais du nom de « Kelb » est accusé aussitôt de fanatisme, ou de rébellion. Et voilà la justice britannique !

N'est-il donc pas légitime que la jeunesse égyptienne se révolte contre le fonctionnarisme anglais ? N'est-il pas naturel que cette jeunesse égyptienne instruite, bien disposée à accepter tous les progrès avantageux pour le pays, réclame du gouvernement et de l'Europe, ses droits avec persistance ? Un exemple : un officier anglais, capitaine de « l'Egyptian-Police », que nous connaissions beaucoup, nous fit ses adieux, en nous disant qu'il était transféré dans la haute Égypte, à un poste éloigné.

— « Cela doit bien vous ennuyer de quitter la ville », lui dîmes-nous.

— « Oh ! non ; en récompense de mon éloignement, le gouvernement double ma solde. Tout officier anglais est du coup avancé d'un grade. »

A la question :

— « Les officiers indigènes ont-ils les mêmes avantages ?

— « Jamais de la vie », fut la réponse, avec une indignation visible sur les traits de l'officier... Nous nous étions per... de comparer les droits d'un officier indigène de la police avec ceux d'un officier anglais !

— « Mais c'est injuste envers les Egyptiens. Nous ne pouvons nous imaginer qu'un officier indigène au service actif, soit moins capable qu'un officier anglais pour commander une petite station de « police-men ». Pour quelle raison le gouvernement vous favorise-t-il donc ?

— « Un officier ou un employé indigène a moins de dépenses que nous, son existence est plus simple, et puis nous sommes « English », répondit le capitaine.

— « Ce n'est pas un argument, et vous vous étonnez qu'avec un pareil « system » on vous déteste, on vous haïsse dans ce pays ? Croyez qu'un indigène saurait dépenser l'argent aussi bien que n'importe qui. Ce simple fait, que vous êtes « English » et que vous avez des bottes et des « breaches » irréprochablement faites, prouve la perfection de l'industrie anglaise, mais non la justice de la politique anglaise, qui a la prétention de maintenir ici l'ordre et la tranquilité et de faire l'éducation du pays pour le « self-government. »

« L'injustice est l'offense la plus humiliante ; le sauvage la ressent aussi bien que le plus civilisé des hommes ; comment voulez-vous donc qu'on estime l'Européen en général, si l'on sème de pareilles théories dans une population comme celle-ci dont la sensibilité est si chatouilleuse, si délicate ? Au lieu de relever à la dignité « d' hommes libres » des races arriérées, vous les rejetez dans le moyen-âge. Vous les accoutumez à la servitude !

— « Vous avez raison, nous dit le capitaine, mais il n'est pas en mon pouvoir de changer notre « system » de civiliser l'Orient. »

Soit ; notre capitaine, à lui tout seul ne modifiera pas le « system », mais l'opinion anglaise pourrait se mettre en campagne, afin de sauver l'honneur et la renommée de sa patrie, cette opinion si libérale, si magnanime dans des occasions données ce qu'on ne saurait nier, mais, hélas! l'Angleterre ne veut être renseignée que par des notes officielles, qu'elle accepte en rejetant par pur chauvinisme les opinions des autres nations.

Les Anglais répondent à cela : « C'est par envie qu'on nous critique », et ils ne tiennent aucun compte de ces observations. Si l'Angleterre pose, et avec raison, pour la première nation civilisée, elle doit alors aussi suivre avec une attention redoublée la moindre de ses actions dans le « Far East » aussi bien qu'en Egypte. Pour en juger, il faut voir. Mais il y a une grande partie des Anglais qui ne quittent que rarement le « home » où, entourés d'un luxe simple mais parfait, vivant dans une aisance indépendante, sans pareille, respectant les bonnes traditions, acceptant tout ce qui est grand, chrétien, ils sont suffisamment et parfaitement heureux de lire dans les journaux ou dans des livres spéciaux que le drapeau de la Grande-Bretagne a conquis un nouveau pays à la complète satisfaction des sauvages, qui se sont rangés. avec une bienveillance remarquée, sous le sceptre de la « Most gracious ». Ces colonies nouvelles ont besoin de mille choses ; quoique l'or coule en abondance, le gouvernement ne peut pas satisfaire tous les caprices ; on fait alors appel à l'*honneur* de la nation. Le mot est magique! (Les Anglais sont très patriotes, mais ils s'étonnent du patriotisme des Egyptiens). Une « subscription » s'ouvre et, dans les 24 heures, la somme nécessaire est trouvée. Cela est UNIQUE au monde, et nous admirons les Anglais dans ce beau trait de caractère purement national. Cela se fait sans bruit, sans tapage. Pourquoi donc l'Angleterre, qui est si fière de sa grandeur, n'est-elle pas encore arrivée à l'idée de fonder une *Société nationale* impartiale. qui aurait pour but, d'un côté, de surveiller de près l'action du gouvernement, son « system », son attitude vis-à-vis des pays conquis ; de l'autre, d'étudier le vrai caractère de chaque nation annexée, ses mœurs, ses traditions, et la forme la plus utile, la plus humaine des lois qu'on va donner ou qu'on devrait donner à ces nouveaux sujets ? Si donc la moindre des injustices était blâmée avec la même dignité, la même grandeur que celle avec laquelle on a souscrit 10.000 £ pour une œuvre humanitaire, alors — nous en sommes persuadés — ce n'est pas la haine, le mépris qui suivraient les conquérants, mais la bénédiction, le respect de millions d'hommes. *Justice* et *liberté*, voilà quelles doivent être les bases de toutes les formes de gouvernement. Si donc, disons-nous, cette « Société nationale » existait comme juge suprême et contrôleur intelligent, nous sommes certains que les indigènes n'auraient plus aucune crainte et qu'ils passeraient de bon cœur la frontière qui se dresse, à première vue si infranchissable, entre l'Européen et l'Oriental, puisque le but sublime que poursuit l'humanité par ses penseurs, doit aboutir à « l'unité », gravée en lettres d'or dans l'avenir ! N'étions-nous pas UN avant de naître, ne serons-nous pas UN après la mort ? Est-ce que cette courte existence, cette vie passagère, ne pourrait pas se régler convenablement pour la gloire de Dieu ? Faut-il donc vivre en état de guerre, tuer, incendier, réduire l'humanité à la misère, détruire par la force tous les sentiments nobles et humanitaires, nous abaisser au régime des Jésuites qui, pour la *plus grande gloire de Dieu*, ont pressuré sinon les corps du moins les âmes pendant plusieurs siècles ! Ce sont eux qui ont empoisonné l'Univers de leurs doctrines malsaines et c'est encore d'après ces doctrines que procèdent les gouvernements modernes avec les peuples ; ils le font désormais « pour la plus grande gloire du gouvernement ! »

. . . .

Pas un Anglais n'a pu nous convaincre que les Egyptiens sont des « ingrats », ne méritant pas la moindre estime. En toute justice nous devons faire la remarque que nous avons trouvé aussi des Anglais parfaitement équilibrés qui ont approuvé nos idées, et n'ont que trop bien compris que la politique anglaise en Egypte est sur une fausse voie : 1° parce que l'Angleterre, comme colonisatrice, n'a pas compris l'assimilation ; 2° parce qu'elle veut gouverner un pays où elle n'a aucun droit à l'autorité.

C'est clair. Sans « assimilation » on ne peut avoir ni intérêts mutuels, ni confiance réciproque : ce sont des tiraillements continus. Bien entendu qu'il faut que « l'assimilation » se fasse au profit des conquérants ; nous ne pouvons pas prétendre qu'un gentleman devienne « Zulu-Kaffer ». « L'assimilation » c'est une procédure des plus délicates et des plus longues dans une entreprise coloniale ; mais, puisque l'Europe a inventé la civilisation, elle doit aussi inventer les moyens justes et légaux de pouvoir civiliser. Quant au droit d'y *être* ou de ne pas *y être* — passons — la question est trop complexe ; nous demandons seulement si les Anglais tiennent ce droit d'Arabi Pacha ou de la chute de « Khartoum ? »

Pour revenir à « l'ingratitude » dont les Anglais accusent les Egyptiens, un de nos amis anglais nous a dit ce qui suit :

— « N'est-ce pas une ingratitude de la part des indigènes de nous accuser de tyrannie, vu les immenses sacrifices que l'Angleterre a faits pour ce pays ? Quelle différence entre 1882 et 1896 : les finances s'améliorent, l'agriculture et l'industrie se relèvent. Le « fellah » n'est-il pas content, plus riche que jamais ? C'est un bien-être général.

— « Oui, sans aucun doute, répondîmes-nous : l'Angleterre a beaucoup fait : mais nous ne pouvons admettre que ce soit un « sacrifice », puisque c'est le pays lui-même qui a fourni l'argent pour les dépenses, comme les grands travaux d'irrigation de la Haute-Egypte — qui, du reste, ont coûté le double par suite de votre maladresse — ou pour les institutions et réformes nécessaires ; l'entretien des troupes d'occupation est le seul « sacrifice » — que l'Egypte paie à raison de 100.000 £ par an (voir le budget) — que vous ayiez fait, et celui-ci ne l'a été que dans un but d'intérêt ; oui, vous avez « sacrifié » un nombre illimité d'Egyptiens à vos intérêts, en les éliminant peu à peu du gouvernement, pour avoir vos coudées franches dans la poursuite de votre but politique, qui vise à l'annexion. Qu'avez-vous fait du Khédive et de son ministère ? Vous ne parviendrez pas à nous convaincre que ce soit afin de les éduquer pour le « self-government », que vous les humiliez, et que vous faites tout votre possible pour les desservir auprès des peuples de l'Europe, de même qu'auprès de S. M. I. le Sultan. Oh ! quel système superbe d'éducation ! Fermer les portes de l'école devant les écoliers ! Avez-vous, du reste, trouvé en 1882 l'Egypte exempte de toute culture moderne, privée de toutes les inventions salutaires de notre vieille Europe ? Nous ne croyons pas.

« Depuis 1798, quand Napoléon Bonaparte a ouvert le pays par des batailles sanglantes et l'a catalogué parmi les puissances européennes, ce qui, hélas ! amena une longue série de troubles, la culture moderne pénétra dans la vallée du Nil. Or, il en est de la culture comme de la neige qui, précipitée du sommet d'une montagne, devient avalanche et arrive comme une masse formidable dans la plaine.

« Mohamed-Ali nous le prouve, lui qui fut le premier grand réorganisateur de l'Egypte moderne, sans parler de ce génie, Ismaïl Pacha, qui fut, peut-être, un mauvais financier, mais un souverain *unique* dans les empires où règne le croissant. Avec une énergie magnifique, une ambition nationale fortement trempée, il transforma l'Egypte et en fit un pays de progrès ; et il aurait, certes, triomphé à la face de l'Europe dans son œuvre gigantesque de faire d'une Egypte demi-barbare, une Egypte entièrement civilisée, si la « civilisation » n'avait pas profité de ses embarras pécuniaires, pour arrêter le grand Khédive dans ses ambitions napoléoniennes. L'Egypte d'aujourd'hui l'accuse d'être l'auteur de la perte de son indépendance, et pourtant, il fallait voir les obsèques de ce grand créateur, pour être témoin de l'éclatant témoignage de douleur et d'hommage que les populations de l'Egypte ont rendu à l'exilé en ce moment suprême ; ce fut le sentiment de toute une nation qui se manifesta ainsi autour d'un cercueil, rejetant à la face de ses calomniateurs, le mot infâme « d'ingratitude » ! Vous voyez donc, cher Monsieur, dîmes-nous à notre interlocuteur, que vous jugez mal le pays, ses habitants et ses mœurs ; n'est-ce pas un trait de caractère superbe que cette nation qui accusait et accuse toujours — non sans raison — Ismaïl d'être l'auteur de sa position insupportable, rendant hommage à la dépouille mortelle de son grand civilisateur ? Vous devez forcément reconnaitre par cet exemple que les Egyptiens discernent ce qui est bon, utile et juste. Envers vous autres, ils seront aussi les mêmes ; une gratitude éternelle vous sera acquise, si vous donnez au pays des écoles, des hôpitaux, si vous facilitez les moyens de transport, si vous abaissez les impôts, diminuez les dettes ; mais, si vous entretenez à leurs propres frais toute une légion d'Anglais, si vous créez de nouveaux postes inutiles, avec de gros appointements injustifiés ; si vous éloignez les éléments indigènes de l'administration et les accoutumez graduellement à l'esclavage, pouvez-vous donc, après tant d'injustices, accuser les Egyptiens d'« ingratitude » ? Si vous avez bien compris tout ce que nous vous avons dit, vous serez vous-même le premier, cher Monsieur, à blâmer la politique anglaise et à justifier les efforts des Egyptiens pour reconquérir leur liberté ! Allons plus loin. Sous le Khédive Tewfik Pacha, les réformes ont suivi leur cours et si le ministre de la guerre Arabi Pacha ne s'était pas révolté, qui sait *sous quelle inspiration ou sous quelle influence*, croyez-vous qu'on serait moins avancé aujourd'hui qu'on ne l'est avec les « sacrifices » de la Grande-Bretagne ?

« Quant à cette prospérité égyptienne si vantée par vous autres, n'y croyez pas ! Le « fellah », s'il gagne plus maintenant qu'à l'époque des califes, n'en a que plus d'impôts à payer, et quoique ses besoins soient les mêmes qu'il y a quarante-deux siècles, il est aussi pauvre, aussi digne de pitié ; son travail est plus dur, plus épuisant que celui de n'importe quel autre paysan du monde. Du reste, demandez-lui s'il est plus content depuis le régime anglais ; mais demandez-lui amicalement, parce que même dans le pays des Pharaons, on vous donnera une réponse à la « Potemkin » à une question officielle.

— « Vous êtes décidément ennemi des Anglais, repartit notre ami.

— « Vous vous trompez ; nous estimons, nous admirons votre nation et votre race et nous connaissons depuis de longues années votre pays où nous eûmes l'occasion de nous instruire de la grandeur de vos idées d'égalité, de liberté et d'humanisme chrétien ; nous fûmes donc offensés dans notre admiration pour les Anglais, en voyant de nos propres yeux leurs grandes maximes si mal interprétées ici. Nous défendons plus votre cause en vous disant : Evacuez l'Egypte le plus vite possible, rendez-la libre, que si nous vous disions :

Restez-y ! Il est possible que vous ayiez un but si éloigné, si audacieux qu'on ose à peine y penser, en voulant à tout prix annexer l'Egypte et en vous lançant dans cette expédition folle du Soudan, dont la conquête soudaine de Dongola n'est encore que le début ? Est-ce là une simple intrigue politique ? Est-ce pour venir en aide au gigantesque empire indien ou plus de deux cents millions d'hommes invoquent les esprits de Bouddha, de Brahma, de Siva ? ou bien est-ce la peur du fantôme du Nord qui peut ainsi hypnotiser le cerveau des hommes d'État anglais en leur suggérant le rêve d'un empire nouveau, dont le « starting-point » serait Alexandrie et la station finale le « Victoria-Nyanza » ? Ou est-ce le pays, hier encore presqu'inconnu, aujourd'hui conquérant, qui remplacera le rôle civilisateur de l'Angleterre dans ces lointaines contrées, où le soleil se lève ? Par ses succès, encouragera-t-il ses voisins à se secouer de leur léthargie millénaire au cri de ralliement de « A bas l'Europe » ? Si l'Extrême-Orient se civilise au même point que nous, gare alors à l'Europe, parce que le moderne « Dsengiz Khan » nous écrasera, nous anéantira, et dans mille ans, on parlera de nous comme nous parlons des Huns ou des Avares !

« Fantaisies absurdes, si vous voulez ; mais niez-en la possibilité !

— « Votre vision de l'avenir est désolante, s'écria notre Anglais ! Montrez-nous un chemin honorable qui n'offense en rien la dignité de ma race, pour en finir avec cette politique égyptienne ? »

La figure de notre ami se transformait visiblement comme s'il eût déjà senti l'haleine empoisonnée des « Mahatma's », ces esprits géants de l'Himalaya. Pour le calmer, nous reprîmes ainsi :

— « Pour une grande nation comme la vôtre, rien de plus facile que d'évacuer l'Egypte, sans (comme vous dites) offenser la dignité nationale, et, ajouterons-nous encore, votre prestige en Orient. Convoquez un congrès international pour discuter la question égyptienne. On donnera des fêtes superbes en l'honneur du Congrès, on discutera avec passion, on s'exaltera, et, quand on se sera bien querellé, offensé même, l'Angleterre, au nom de la Nation et de la

« Most gracious » déclarera alors que la Grande-Bretagne, pour mériter l'estime des nations et faire triompher son rôle civilisateur, proclame *l'Egypte libre, l'Egypte aux Egyptiens !*

« Arguments :

« 1° Nous avons jugé que la situation en Egypte s'est améliorée au point qu'elle est mûre pour le « self-government » ;

« 2° Que ses finances sont sur un bon pied ;

« 3° Que la sécurité publique et personnelle n'a rien à craindre ;

« 4° Que ce peuple est digne de la liberté.

« En revanche, nous exigeons de l'Egypte :

« 1° Qu'elle nous garantisse l'entrée libre chez elle ;

« 2° Qu'elle accepte pour la durée de cent ans, par exemple, une commission internationale, résidant au Caire, laquelle, indirectement, surveillera l'Etat nouveau. — L'activité de cette commission sera réglée, ainsi que ses droits et sa responsabilité par une loi internationale ;

« 3° Qu'elle garantisse la sécurité publique et personnelle et la libre navigation du canal de Suez ;

« 4° Qu'elle reconnaisse notre déclaration comme sacrée et inviolable et qu'aucune nation ne puisse, soit ouvertement, soit par des intrigues secrètes, tenter de se créer des droits sur l'Egypte — excepté ses droits sur la dette publique, qui, du reste, sera garantie, comme jadis, par l'Egypte et surveillée par la commission *ad hoc*, qui demeurera en activité jusqu'au complet amortissement des dettes de l'Etat. — « Nous sommes heureux, Messieurs, continuerait le « Speaker », en présence de vos illustres seigneuries, comme représentants de l'Europe civilisée, de pouvoir couronner par un acte pareil la fin de notre siècle. L'Univers pourra admirer notre travail avec reconnaissance et se convaincre que la civilisation n'est pas un vain mot, une fiction, un leurre, mais que c'est une réalité, dont le but sublime est d'unir les hommes, les races, les pays pour tendre à cet idéal : « *Liberté, unité, harmonie !* » le Créateur nous ayant donné l'intelligence pour l'employer à progresser vers l'immortel infini ! »

Notre Anglais était stupéfié !...

— « Croyez-vous, cher ami, lui dîmes-nous, qu'on vous haïsse, qu'on vous déteste encore, qu'on vous accuse de tyrannie, de brutalité, d'injustice ? Jamais ! L'Anglais ne sera plus un homme, il sera une *religion* à laquelle on se convertira ; on deviendra Anglais. Nous, nous serons les premiers à embrasser ce nouveau culte en une fraternelle accolade diplomatique, même nous l'exigeons, permettez-nous cet égoïsme ; puisque l'idée vient de nous, n'avons-nous pas un droit de priorité ?

— « Je vous le promets, dit l'honorable « gentleman » et, nous serrant la main, il s'enfuit.

— « Encore un mot, lui criâmes-nous, tenez-vous toujours à votre remarque que nous sommes un ennemi de l'Angleterre et des Anglais ? »..... Sa réponse se perdit dans le claquement de la porte.

Après cette conversation, quelques jours se passèrent sans que nous eussions l'occasion de revoir notre ami ; nous tenions à le revoir, cependant ; nous avions encore à lui communiquer quelques réflexions. Notre désir s'accomplit plus tôt que nous ne l'avions pensé. M. N... entra dans notre chambre.

— « Vous n'êtes donc pas fâché ? lui dîmes-nous.

— « Si je l'étais, je ne serais pas venu, fut sa courte réponse.

— « Donc, nous allons reprendre notre discussion ?

— « Oui, répondit-il, mais croyez-vous donc que, si l'Angleterre déclarait l'Egypte libre, l'Europe accepterait ce sacrifice ?

— « L'Europe ne recule pas, fîmes-nous, devant une idée si glorieuse ; c'est son devoir d'aider la Grande-Bretagne dans cette œuvre, la plus parfaite, la plus digne de finir ce siècle de progrès. L'Egypte, désormais, ne serait plus le pays des causes célèbres, où par égoïsme et par cupidité, on a démoralisé les masses et tenté d'étouffer tous les nobles sentiments ; mais elle serait la gloire de nous tous, son progrès nous serait aussi cher que celui de nos propres patries ; elle serait une sœur aimée, que nous surveillerions avec douceur ; elle ferait le bonheur de la vieille Europe, de cette mère attentive, qui mérite aussi un peu de bonheur pour ses vieux jours !

— « Et si vos idées n'avaient pas de succès, que faire alors ? et M. N... fixa ses yeux clairs sur nous.

— « Nous resterions où nous en sommes, à la haine, aux intrigues, au mécontentement entraînant ce pays et tous les autres dans des cataclysmes incalculables. Mais remarquez bien que tout le sang qui, éventuellement, sera encore versé pour la question égyptienne, vous seuls l'aurez versé ; si vous ne changez pas la forme de vos procédés politiques, si vous n'*élevez* pas l'élément gouvernemental, non seulement l'Egypte sera perdue pour vous, mais aussi vos colonies lointaines se soulèveront pour reconquérir leur liberté. Nous ne nions pas que vous ne fassiez beaucoup, mais vous pouvez faire encore davantage pour le bonheur des millions d'hommes que vous gouvernez puisque vous avez la force et l'intelligence. Du moment que vous dominez ces peuples par l'hypocrisie en leur appliquant des théories jésuitiques, et que vous ne les assimilez pas, vous rencontrerez toujours des obstacles insurmontables. Souvent vos compatriotes nous ont dit : « Nous ne fréquentons pas tel ou tel club, « there are too much tarbouch-men ». Pourquoi donc cet exclusivisme ? Il serait de votre devoir d'attirer à vous l'élément indigène au lieu de l'exclure pour cette seule raison absurde, que c'est un « tarbouch-man » ! Nous admettons que c'est aussi un peu la faute des indigènes ; du reste, écoutez ce que dit Mr. Ch. E. Schwann M.P. dans sa brochure « Impressions of India ».

« I am afraid there is not much social intercourse bet-« ween the English and native gentlemen, and there are, I « fear, as is usual, faults on both sides. Native gentlemen, « Hindoo, Mohamedan, or Parsee, who have been to « Europe, and are conversant with European habits and « manners, feel indignant at the exclusiveness practised « towards them, and the at times insulting experiences « which they have to endure. For example, no native « gentleman is eligible as a candidate for admission into the « Yacht Club ; and by a special rule he is not only ineligible, « but by some rule or by a law, is not allowed to come

« upon the Club grounds or to pass the entrance gate to « see any member whom he may wish to meet for a word « or two. »

..... « Voyons, n'est-ce pas révoltant ce que l'honorable Mr. Ch. Schwann, vient de nous dire ? En Egypte, vous avez le même programme : si, par hasard, un *tarbouch-man* se trouve dans une société, il est traité comme un pestiféré. Voyez ce fait : au Caire, avant d'engager un domestique, il est d'usage de lui demander où il a servi ; s'il parle anglais, s'il a été en condition chez un Anglais, officier ou bourgeois, n'importe ! s'il parle anglais on ne le prend pas ; pourquoi ? « Oh ! he is no good », nous a-t-on répondu. Pourquoi cette méfiance envers ces domestiques qui ont servi chez des Anglais et parlent anglais ? Nous allons vous le dire : Ils sont arrogants, impertinents, dès qu'ils ont servi chez des Anglais et parlent votre langue. « C'est encore de la calomnie », allez-vous nous objecter. Pour éviter tant de mal, pourquoi ne faites-vous pas usage des superbes maximes que vous prêchez aux quatre coins du monde ? vous feriez bien mieux d'écouter Mr. Ch. E. Schwann, qui dit ceci : « In India we should do better by frankly taking the « educated native portion of the community into partnership « with us in the government of the country, instead of « treating them with suspicion and contempt. »

« C'est aussi notre opinion, et, quant à nos points de vue, notre excellent ami, nous ne pouvons rien faire de mieux que de citer encore l'auteur des « Impressions of India », « of course, dit Mr. Schwann, country families, who « look upon India as the happy hunting — grounds of their « younger sons and relatives, do not see things in this light, « and official and professional men in India are, as a class, « very naturally against sharing the « *loaces and fishes* », « with the clever Bengalis and other children of the soil ». — Ne jugez pas l'Egypte d'après son climat, ses amusements, mais étudiez-en les côtés sérieux ; vous verrez alors que ce qui est *vrai* aux Indes, l'est aussi en Egypte.

« Le gouvernement anglais est seul coupable de ces erreurs, c'est donc à vous, à la nation de contrôler, de modifier cette mauvaise politique, qui, comme nous l'avons déjà dit, pourrait entraîner des millions d'hommes à des guerres sanglantes, dont les conséquences seraient incalculables.

« Relevez l'Egypte, donnez-lui la liberté pour sauver la vôtre, sinon il y a une force plus forte que vous et qui vous vaincra. Vous n'êtes pas accoutumés à cette force en Orient, vous ne l'estimez pas et pourtant cette force existe, et, en Egypte plus qu'ailleurs ; cette force c'est le patriotisme et il vaincra ! Regardez l'Europe, n'est-ce pas par le patriotisme qu'elle est devenue grande et libre ? cela vaut plus que tous les canons, que tous les soldats.

« La jeunesse égyptienne est patriote, elle a la force intellectuelle, à elle l'avenir !...

« En délivrant l'Egypte de votre présence, vous entreprendriez enfin la vraie « campagne humanitaire » dont parlait l'autre jour votre grand *Old Man* : il y aurait un peuple libre de plus, et un crime de moins de par le monde ! »

. . . .

Notre ami se leva, et, nous serrant la main, répliqua d'un air pensif : — « Merci de tout ce que vous m'avez dit ; je reconnais nos fautes, et, désormais, je souhaite, comme vous, la liberté de l'Egypte. »

NICOLAS DE VAY.

Le Caire, 1896. (1)

---

(1) Un article paru dans le *Figaro* du 23 octobre 1896 et signé Stanley, au moment précis où ces pages étaient sous presse, traite justement de l'évacuation de l'Egypte par les Anglais. Dans cet article M. Stanley reconnaît :

1° Que ses compatriotes ne peuvent rester là-bas indéfiniment :

2° Que c'est grâce à l'intervention maladroite de l'Angleterre que, jadis, les provinces du haut Nil furent perdues :

3° Que ces provinces reconquises à la couronne Khédiviale, les troupes anglaises n'auraient plus rien à faire dans ce pays..... —

Retenons ces aveux, mais n'y attachons pas trop d'importance, car sa phrase « *je n'ai pas la prétention de savoir quelle sera la décision finale du gouvernement britannique* » montre le bout de l'oreille du fidèle sujet de Sa Majesté et laisse une marge immense à toutes les hypothèses.

M. Stanley prétend que l'expédition de Dongola est populaire en Egypte. Nous pouvons certifier qu'au début elle ne l'était pas. Il a fallu un combat victorieux pour la rendre supportable aux vrais Egyptiens ; et nous voudrions que M. Stanley nous fît savoir — lui, — toujours si bien renseigné sur tout ce qui se passe en Afrique, — d'où est parti l'ordre de commencer la guerre ? Du « Foreign Office » ou bien du cabinet Khédival.

La France, d'après M. Stanley, devrait favoriser cette campagne et ne pas protester si le budget international financier de l'Egypte consacre à cette aventure hasardée ses plus claires ressources. On retrouve là encore le « system » habituel : ne dire jamais ni oui, ni non, mais *peut-être !* C'est le cas de répliquer en termes d'argot : *Ah ! le bon billet qu'a La Chartre !*

www.ingramcontent.com/pod-product-compliance
Ingram Content Group UK Ltd.
Pitfield, Milton Keynes, MK11 3LW, UK
UKHW021028220726
13924UKWH00001B/186